AF259205

MY
3-MINUTE
Mermaid
GRATITUDE
JOURNAL

Blank Classic

Kids Gratitude Journal
119 numbered pages - 120 total pages
A5 (5.83 x 8.27)

Design © 2020 Blank Classics

All rights reserved. No part of this book
may be stored in a retrieval system,
reproduced or transmitted in any form
or by any other means without written
permission from the publisher or a
licence from the Canadian Copyright
Licensing Agency.

Blank Classic

Mailing address:
Blank Classic
PO BOX 4608
Main Station Terminal
349 West Georgia Street
Vancouver, BC
Canada, V6B 4A1

Cover design by: Lauren Dick

ISBN: 978-1-77437-914-1

FIRST EDITION / FIRST PRINTING

ALL ABOUT ME

MY NAME IS

____

MY BIRTHDAY IS

I AM ◯ YEARS OLD

MY FAVORITE:

ANIMAL _______________   FOOD _______________

COLOR _______________   BOOK _______________

SPORT _______________   PLACE _______________

MY FAMILY

WHEN I GROW UP I WANT TO BE:

DATE: S   M   T   W   TH   F   S   ___/___/___

TODAY I AM GRATEFUL FOR

____

I FEEL

THE BEST PART OF MY DAY WAS

THIS PERSON BROUGHT ME JOY TODAY:

DRAW ABOUT IT

DATE: S M T W TH F S __/__/__

TODAY I AM GRATEFUL FOR

I FEEL

THE BEST PART OF MY DAY WAS

THIS PERSON BROUGHT ME JOY TODAY:

DRAW ABOUT IT

DATE: S M T W TH F S __/__/__

TODAY I AM GRATEFUL FOR

I FEEL

THE BEST PART OF MY DAY WAS

THIS PERSON BROUGHT ME JOY TODAY:

DRAW ABOUT IT

DATE: S M T W TH F S ___/___/___

TODAY I AM GRATEFUL FOR

____

____

____

I FEEL

THE BEST PART OF MY DAY WAS

THIS PERSON BROUGHT ME JOY TODAY:

DRAW ABOUT IT

DATE: S M T W TH F S ___/___/___

TODAY I AM GRATEFUL FOR

____

____

____

I FEEL

THE BEST PART OF MY DAY WAS

____

____

____

____

____

____

____

____

____

THIS PERSON BROUGHT ME JOY TODAY:

____

DRAW ABOUT IT

DATE: S M T W TH F S ___/___/___

TODAY I AM GRATEFUL FOR

____

____

____

I FEEL

THE BEST PART OF MY DAY WAS

____

____

____

____

____

____

____

____

____

THIS PERSON BROUGHT ME JOY TODAY:

____

DRAW ABOUT IT

DATE: S M T W TH F S ___/___/___

TODAY I AM GRATEFUL FOR

I FEEL

THE BEST PART OF MY DAY WAS

THIS PERSON BROUGHT ME JOY TODAY:

DRAW ABOUT IT

DATE: S M T W TH F S __ / __ / __

TODAY I AM GRATEFUL FOR

____

____

____

I FEEL

THE BEST PART OF MY DAY WAS

____

____

____

____

____

____

____

____

____

THIS PERSON BROUGHT ME JOY TODAY:

____

DRAW ABOUT IT

DATE: S M T W TH F S ___ / ___ / ___

TODAY I AM GRATEFUL FOR

____

____

____

I FEEL

THE BEST PART OF MY DAY WAS

____

____

____

____

____

____

____

____

____

____

____

THIS PERSON BROUGHT ME JOY TODAY:

____

DRAW ABOUT IT

DATE: S M T W TH F S ___/___/___

TODAY I AM GRATEFUL FOR

I FEEL

THE BEST PART OF MY DAY WAS

THIS PERSON BROUGHT ME JOY TODAY:

DRAW ABOUT IT

DATE: S M T W TH F S ___ / ___ /___

TODAY I AM GRATEFUL FOR

I FEEL

THE BEST PART OF MY DAY WAS

THIS PERSON BROUGHT ME JOY TODAY:

DRAW ABOUT IT

DATE: S M T W TH F S __ / __ / __

TODAY I AM GRATEFUL FOR

____

____

I FEEL

THE BEST PART OF MY DAY WAS

____

____

____

____

____

____

____

____

____

THIS PERSON BROUGHT ME JOY TODAY:

____

DRAW ABOUT IT

DATE: S M T W TH F S __ / __ / __

TODAY I AM GRATEFUL FOR

I FEEL

THE BEST PART OF MY DAY WAS

THIS PERSON BROUGHT ME JOY TODAY:

DRAW ABOUT IT

DATE: S M T W TH F S __/__/__

TODAY I AM GRATEFUL FOR

I FEEL

THE BEST PART OF MY DAY WAS

THIS PERSON BROUGHT ME JOY TODAY:

DRAW ABOUT IT

DATE: S M T W TH F S   __ / __ /__

TODAY I AM GRATEFUL FOR

____

____

____

I FEEL

THE BEST PART OF MY DAY WAS

____

____

____

____

____

____

____

____

____

THIS PERSON BROUGHT ME JOY TODAY:

____

DRAW ABOUT IT

DATE: S M T W TH F S __/__/__

TODAY I AM GRATEFUL FOR

____

____

____

I FEEL

THE BEST PART OF MY DAY WAS

____

THIS PERSON BROUGHT ME JOY TODAY:

____

DRAW ABOUT IT

DATE: S M T W TH F S   __/__/__

TODAY I AM GRATEFUL FOR

____

____

____

I FEEL

THE BEST PART OF MY DAY WAS

____

____

____

____

____

____

____

____

____

THIS PERSON BROUGHT ME JOY TODAY:

____

DRAW ABOUT IT

DATE: S M T W TH F S   __ / __ / __

TODAY I AM GRATEFUL FOR

____

____

____

I FEEL

THE BEST PART OF MY DAY WAS

____

____

____

____

____

____

____

____

____

THIS PERSON BROUGHT ME JOY TODAY:

____

DRAW ABOUT IT

DATE: S M T W TH F S __/__/__

TODAY I AM GRATEFUL FOR

____

____

____

I FEEL

THE BEST PART OF MY DAY WAS

____

____

____

____

____

____

____

____

____

THIS PERSON BROUGHT ME JOY TODAY:

____

DRAW ABOUT IT

DATE: S M T W TH F S __ / __ / __

TODAY I AM GRATEFUL FOR

I FEEL

THE BEST PART OF MY DAY WAS

THIS PERSON BROUGHT ME JOY TODAY:

DRAW ABOUT IT

DATE: S M T W TH F S __ / __ / __

TODAY I AM GRATEFUL FOR

I FEEL

THE BEST PART OF MY DAY WAS

THIS PERSON BROUGHT ME JOY TODAY:

DRAW ABOUT IT

TODAY I AM GRATEFUL FOR

I FEEL

THE BEST PART OF MY DAY WAS

THIS PERSON BROUGHT ME JOY TODAY:

DRAW ABOUT IT

DATE: S M T W TH F S   __ / __ / __

TODAY I AM GRATEFUL FOR

____

____

____

I FEEL

THE BEST PART OF MY DAY WAS

____

____

____

____

____

____

____

____

THIS PERSON BROUGHT ME JOY TODAY:

____

DRAW ABOUT IT

DATE: S M T W TH F S __ / __ / __

TODAY I AM GRATEFUL FOR

I FEEL

THE BEST PART OF MY DAY WAS

THIS PERSON BROUGHT ME JOY TODAY:

DRAW ABOUT IT

DATE: S M T W TH F S   __ / __ / __

TODAY I AM GRATEFUL FOR

I FEEL

THE BEST PART OF MY DAY WAS

THIS PERSON BROUGHT ME JOY TODAY:

DRAW ABOUT IT

DATE: S M T W TH F S ___/___/___

TODAY I AM GRATEFUL FOR

____

____

____

I FEEL

THE BEST PART OF MY DAY WAS

____

____

____

____

____

____

____

____

THIS PERSON BROUGHT ME JOY TODAY:

____

DRAW ABOUT IT

DATE: S M T W TH F S __/__/__

TODAY I AM GRATEFUL FOR

____

____

____

I FEEL

THE BEST PART OF MY DAY WAS

____

____

____

____

____

____

____

____

____

THIS PERSON BROUGHT ME JOY TODAY:

____

DRAW ABOUT IT

DATE: S M T W TH F S __/__/__

TODAY I AM GRATEFUL FOR

I FEEL

THE BEST PART OF MY DAY WAS

THIS PERSON BROUGHT ME JOY TODAY:

DRAW ABOUT IT

DATE: S M T W TH F S __/__/__

TODAY I AM GRATEFUL FOR

I FEEL

THE BEST PART OF MY DAY WAS

THIS PERSON BROUGHT ME JOY TODAY:

DRAW ABOUT IT

DATE: S M T W TH F S __/__/__

TODAY I AM GRATEFUL FOR

____

____

____

I FEEL

THE BEST PART OF MY DAY WAS

____

____

____

____

____

____

____

____

____

____

THIS PERSON BROUGHT ME JOY TODAY:

____

DRAW ABOUT IT

DATE: S M T W TH F S __ / __ / __

TODAY I AM GRATEFUL FOR

I FEEL

THE BEST PART OF MY DAY WAS

THIS PERSON BROUGHT ME JOY TODAY:

DRAW ABOUT IT

DATE: S M T W TH F S __ / __ / __

TODAY I AM GRATEFUL FOR

____

____

____

I FEEL

THE BEST PART OF MY DAY WAS

____

____

____

____

____

____

____

____

____

____

THIS PERSON BROUGHT ME JOY TODAY:

____

DRAW ABOUT IT

DATE: S M T W TH F S __ / __ / __

TODAY I AM GRATEFUL FOR

____

____

____

I FEEL

THE BEST PART OF MY DAY WAS

____

____

____

____

____

____

____

____

____

THIS PERSON BROUGHT ME JOY TODAY:

____

DRAW ABOUT IT

DATE: S M T W TH F S __/__/__

TODAY I AM GRATEFUL FOR

____

____

____

I FEEL

THE BEST PART OF MY DAY WAS

THIS PERSON BROUGHT ME JOY TODAY:

DRAW ABOUT IT

DATE: S M T W TH F S __/__/__

TODAY I AM GRATEFUL FOR

____

____

____

I FEEL

THE BEST PART OF MY DAY WAS

THIS PERSON BROUGHT ME JOY TODAY:

____

DRAW ABOUT IT

DATE: S M T W TH F S ___/___/___

TODAY I AM GRATEFUL FOR

____

____

____

I FEEL

THE BEST PART OF MY DAY WAS

____

____

____

____

____

____

____

____

THIS PERSON BROUGHT ME JOY TODAY:

____

DRAW ABOUT IT

DATE: S M T W TH F S __ / __ / __

TODAY I AM GRATEFUL FOR

____

____

____

I FEEL

THE BEST PART OF MY DAY WAS

____

____

____

____

____

____

____

____

THIS PERSON BROUGHT ME JOY TODAY:

____

DRAW ABOUT IT

DATE: S M T W TH F S __/__/__

TODAY I AM GRATEFUL FOR

____

____

____

I FEEL

THE BEST PART OF MY DAY WAS

____

____

____

____

____

____

____

____

____

THIS PERSON BROUGHT ME JOY TODAY:

____

DRAW ABOUT IT

DATE: S M T W TH F S __/__/__

TODAY I AM GRATEFUL FOR

I FEEL

THE BEST PART OF MY DAY WAS

THIS PERSON BROUGHT ME JOY TODAY:

DRAW ABOUT IT

DATE: S M T W TH F S __ / __ / __

TODAY I AM GRATEFUL FOR

____

____

____

I FEEL

THE BEST PART OF MY DAY WAS

____

____

____

____

____

____

____

____

____

THIS PERSON BROUGHT ME JOY TODAY:

____

DRAW ABOUT IT

DATE: S M T W TH F S __/__/__

TODAY I AM GRATEFUL FOR

I FEEL

THE BEST PART OF MY DAY WAS

THIS PERSON BROUGHT ME JOY TODAY:

DRAW ABOUT IT

DATE: S M T W TH F S __/__/__

TODAY I AM GRATEFUL FOR

____

____

____

I FEEL

THE BEST PART OF MY DAY WAS

____

____

____

____

____

____

____

____

____

THIS PERSON BROUGHT ME JOY TODAY:

____

DRAW ABOUT IT

DATE: S M T W TH F S __ / __ / __

TODAY I AM GRATEFUL FOR

____

____

____

I FEEL

THE BEST PART OF MY DAY WAS

____

____

____

____

____

____

____

____

____

____

THIS PERSON BROUGHT ME JOY TODAY:

____

DRAW ABOUT IT

DATE: S M T W TH F S   __/__/__

TODAY I AM GRATEFUL FOR

____

____

____

I FEEL

THE BEST PART OF MY DAY WAS

____

____

____

____

____

____

____

____

THIS PERSON BROUGHT ME JOY TODAY:

____

DRAW ABOUT IT

DATE: S M T W TH F S   __/__/__

TODAY I AM GRATEFUL FOR

____

____

____

I FEEL

THE BEST PART OF MY DAY WAS

____

____

____

____

____

____

____

____

THIS PERSON BROUGHT ME JOY TODAY:

____

DRAW ABOUT IT

DATE: S M T W TH F S   __/__/__

TODAY I AM GRATEFUL FOR

____

____

____

I FEEL

THE BEST PART OF MY DAY WAS

____

____

____

____

____

____

____

____

____

THIS PERSON BROUGHT ME JOY TODAY:

____

DRAW ABOUT IT

DATE: S M T W TH F S ___/___/___

TODAY I AM GRATEFUL FOR

____

____

____

I FEEL

THE BEST PART OF MY DAY WAS

____

____

____

____

____

____

____

____

THIS PERSON BROUGHT ME JOY TODAY:

____

DRAW ABOUT IT

DATE: S M T W TH F S __/__/__

TODAY I AM GRATEFUL FOR

I FEEL

THE BEST PART OF MY DAY WAS

THIS PERSON BROUGHT ME JOY TODAY:

DRAW ABOUT IT

DATE: S M T W TH F S __ / __ /__

TODAY I AM GRATEFUL FOR

____

____

____

I FEEL

THE BEST PART OF MY DAY WAS

____

____

____

____

____

____

____

____

____

THIS PERSON BROUGHT ME JOY TODAY:

____

DRAW ABOUT IT

DATE: S   M   T   W   TH   F   S   __ / __ / __

TODAY I AM GRATEFUL FOR

____

____

____

I FEEL

THE BEST PART OF MY DAY WAS

____

____

____

____

____

____

____

____

THIS PERSON BROUGHT ME JOY TODAY:

____

DATE: S M T W TH F S __ / __ / __

TODAY I AM GRATEFUL FOR

____

____

____

I FEEL

THE BEST PART OF MY DAY WAS

____

____

____

____

____

____

____

____

____

THIS PERSON BROUGHT ME JOY TODAY:

____

DRAW ABOUT IT

DATE: S M T W TH F S __/__/__

TODAY I AM GRATEFUL FOR

I FEEL

THE BEST PART OF MY DAY WAS

THIS PERSON BROUGHT ME JOY TODAY:

DRAW ABOUT IT

DATE: S   M   T   W   TH   F   S   __/__/__

TODAY I AM GRATEFUL FOR

I FEEL

THE BEST PART OF MY DAY WAS

THIS PERSON BROUGHT ME JOY TODAY:

DRAW ABOUT IT

DATE: S M T W TH F S __/__/__

TODAY I AM GRATEFUL FOR

____

____

____

I FEEL

THE BEST PART OF MY DAY WAS

____

____

____

____

____

____

____

____

____

THIS PERSON BROUGHT ME JOY TODAY:

____

DRAW ABOUT IT

DATE: S M T W TH F S __/__/__

TODAY I AM GRATEFUL FOR

____

____

____

I FEEL

THE BEST PART OF MY DAY WAS

____

____

____

____

____

____

____

____

____

THIS PERSON BROUGHT ME JOY TODAY:

____

DRAW ABOUT IT

DATE: S M T W TH F S ___ / ___ / ___

TODAY I AM GRATEFUL FOR

I FEEL

THE BEST PART OF MY DAY WAS

THIS PERSON BROUGHT ME JOY TODAY:

DRAW ABOUT IT

DATE: S M T W TH F S __ / __ / __

TODAY I AM GRATEFUL FOR

I FEEL

THE BEST PART OF MY DAY WAS

THIS PERSON BROUGHT ME JOY TODAY:

DRAW ABOUT IT

DATE: S M T W TH F S __/__/__

TODAY I AM GRATEFUL FOR

I FEEL

THE BEST PART OF MY DAY WAS

THIS PERSON BROUGHT ME JOY TODAY:

DRAW ABOUT IT

www.ingramcontent.com/pod-product-compliance
Lightning Source LLC
Chambersburg PA
CBHW051003060726
47593CB00017B/869